EUGÉNIE
DE GUÉRIN

RÉCIT

DE SON EXHUMATION

PAR

MLLE JEANNE DE GUÉRIN DU CAYLA

PARIS

LIBRAIRIE ACADÉMIQUE

DIDIER ET CIE, LIBRAIRES-ÉDITEURS

35, QUAI DES AUGUSTINS, 35

1876

24 avril 1892

CB

EUGÉNIE DE GUÉRIN

RÉCIT

DE SON EXHUMATION

PARIS. — IMPRIMERIE DE E. MARTINET, RUE MIGNON, 2

EUGÉNIE

DE GUÉRIN

RÉCIT

DE SON EXHUMATION

PAR

Mlle JEANNE DE GUÉRIN DU CAYLA

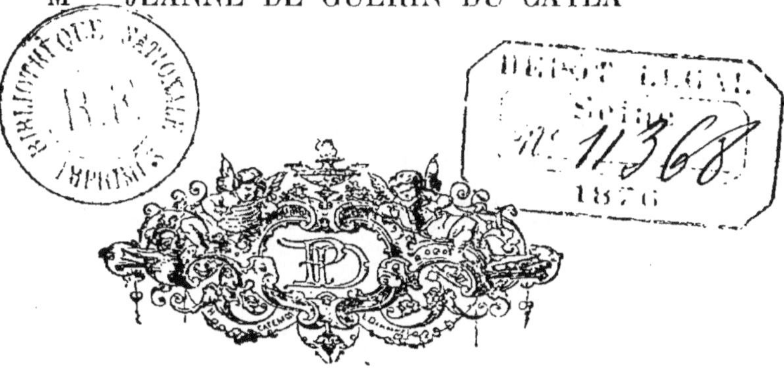

PARIS

LIBRAIRIE ACADÉMIQUE

DIDIER ET Cie, LIBRAIRES-ÉDITEURS

35, QUAI DES AUGUSTINS, 35

1876

A MA BIEN-AIMÉE

SŒUR MARIE ANTONINE VINCENT

Religieuse au Couvent du Saint-Rosaire, à Mauléon

Vous êtes l'ange de notre foyer.
Vous me guidez depuis mon enfance.
A vous ce souvenir du Cayla !

JEANNE DE GUÉRIN DU CAYLA.

Marseille, le 12 octobre 1875.

EUGÉNIE
DE GUÉRIN

SON EXHUMATION

Le mercredi 16 juin 1875 fut un jour bien pénible pour tous les membres de la famille de Guérin, présents au Cayla. Ce jour-là, à trois heures de l'après-midi, nous fîmes l'exhumation des restes d'Eugénie de Guérin.

J'entends tellement dire autour de moi qu'Eugénie sera béatifiée un jour, que je crois utile d'écrire pour ma famille et pour les admirateurs des œuvres de ma cousine, tout ce qui s'est passé dans cette mémorable journée et dans les deux jours qui l'ont suivie.

Avant la révolution de 1789, la sépulture de la famille de Guérin du Cayla se trouvait dans l'église de Saint-Médard à Andillac.

Le village d'Andillac est situé sur une gracieuse colline, à deux kilomètres environ du château du Cayla.

La pauvre église de Saint-Médard, d'une construction très-ancienne et très-simple, tombait en ruines.

Une grosse croix de pierre qui surmontait le pignon du côté du vallon s'était inclinée; elle donnait à ce vieux sanctuaire de la prière un caractère de fatigue et de tristesse que justifiaient des murs lézardés et noircis par le souffle des siècles.

Cette croix inclinée sur le côté gauche, au milieu d'une verte collerette de plantes grimpantes et de déchirures du vieux mur, avait quelque chose de suppliant qui prenait au cœur. Elle semblait dire à ceux qui passaient sur le vieux chemin qui conduit au Cayla : La croix seule doit toujours rester debout et haut placée; le temps et les révolutions ne doivent ni l'abattre, ni l'incliner; si une génération abandonne ou méconnaît le signe du rédempteur, une autre génération doit le relever et le faire respecter. Si les vieux murs qui soutenaient la croix s'effondrent sous elle, il faut la relever plus grande sur des murs neufs et plus solides.

Mais la commune d'Andillac n'est pas riche; elle ne pouvait songer à faire rebâtir cette pauvre église qui s'affaissait. A l'intérieur, les dalles usées laissaient percer la terre de toute part. Il était dangereux de venir prier sur ce sol humide et froid et sous des voûtes si profondément lézardées.

Le bon curé d'Andillac, M. Massol, en voyant tant d'admirateurs d'Eugénie venir prier sur la tombe de cette sainte, visiter la chapelle qu'elle aimait, eut l'heureuse idée d'intéresser ces âmes charitables et d'élite à son projet de construction d'une église plus digne de la sympathique population d'Andillac.

Les prières du bon curé furent écoutées, et après plusieurs années de persistance les fondations de la nouvelle église furent creusées sur l'emplacement de l'ancienne.

Mon père, M. Alphonse de Guérin du Cayla, se trouvait au château au moment des premiers travaux de la nouvelle église. Un matin, M. le curé d'Andillac fit prévenir mon cousin, M. Melchior Mazuc de Guérin, et mon père, que la pioche des travailleurs, en déblayant l'intérieur de la vieille chapelle, avait rencontré des ossements appartenant aux membres de notre famille.

Mon cousin et mon père se rendirent à Andillac, afin de prendre toutes les mesures nécessaires pour recueillir les restes de nos aïeux. Ils firent enlever le plus de dalles possible, et firent creuser avec soin pour ne pas briser les ossements. Il n'y avait pas de caveau ; nos parents enterrés depuis plus de cinq siècles sous les dalles du milieu de la chapelle étaient placés les uns à côté des autres, sur plusieurs étages.

Les cercueils, remontant à cent ou deux cents ans, étaient en bois, à en juger par quelques traces de planches. Les tombes plus anciennes étaient en pierre crayeuse du pays ; elles étaient les plus profondément enfoncées dans la terre. On pouvait distinguer trois étages de tombes appartenant à trois époques différentes.

La première couche, une fois dégagée, mit à jour

des squelettes assez complets. On en trouva un dont le crâne et le haut du corps étaient entourés d'un débris de couverture de laine blanche.

La deuxième couche, ayant près de deux mètres de profondeur, se composait de débris d'ossements assez mal caractérisés. Il était très-difficile de pouvoir suivre la forme du squelette. Les ossements se brisaient au moindre choc. On y trouva diverses monnaies de cuivre tellement rongées qu'il était impossible de reconnaître à quel règne elles appartenaient.

Enfin la troisième couche se composait d'une série de tombes en pierre. Mon père et mon cousin firent soulever avec soin les larges dalles qui les recouvraient. Ils espéraient trouver des restes conservés et quelques indices pouvant leur permettre d'assigner un nom ou une date à ces débris.

Les ouvriers, gênés par les décombres, ne purent dégager que trois cercueils de pierre. Le premier et le second contenaient quelques ossements recouverts de terre. Le troisième était rempli, jusqu'au milieu, d'une boue fine parfaitement délayée et humide dont la surface était unie comme une glace.

Sans doute la dalle qui recouvrait ce cercueil avait été impuissante à arrêter une légère infiltration. Dans cette terre absorbante, en temps de pluie, l'eau s'infiltrait légèrement, et lorsque la sécheresse revenait, l'eau se vaporisait.

Dans ce travail d'infiltration et de vaporisation,

l'eau avait déposé le peu de terre qu'elle tenait en suspension et formé à la longue cette couche de boue unie : travail bien lent puisque quatre ou cinq siècles n'avaient pu remplir que la moitié du cercueil.

Mon père, en me racontant les impressions qu'i éprouva dans cette journée, me disait qu'il resta bien longtemps pensif à côté de cette pierre creuse. Il remuait cette boue épaise pour y chercher un vestige de celui qui y était enseveli depuis tant d'années. Il ne trouva qu'un seul fragment de tibia qui avait à peine la longueur de la main.

Mon père supposait que ce cercueil avait dû contenir le cadavre d'un vieillard arrivé aux dernières limites de l'âge ; il basait son appréciation sur l'absence de dents, car l'action décomposante des eaux avait bien pu dissoudre les ossements, mais elle n'aurait pas dissous les dents plus résistantes.

Quel était donc ce vieillard dont il ne restait plus rien ? Il eût été bien difficile de répondre.

Tous ces ossements épars, tous ces débris dans les cercueils ouverts , tous ces crânes au large sourire, tout cela c'était notre famille, nos devanciers, nos auteurs. C'était une vaste tombe où tout gisait pêle-mêle, sans inscriptions, sans un nom à pouvoir donner à chacun de ces restes brisés. C'était le chaos et l'oubli. Première vallée de Josaphat des de Guérin, il y avait là tous les héros de notre histoire et de nos légendes. La pioche des ouvriers creusant les fondations de la nouvelle église était venue troubler le repos de toutes ces générations de preux, qui s'étaient distingués par le courage, l'honneur et la foi.

Tous ces ossements furent pieusement recueillis, mon cousin les fit déposer au pied du pilier de gauche qui soutient le grand arceau de voûte en avant du chœur de la nouvelle église. On fit dire une messe des morts, et les travaux de construction se continuèrent sans nouveaux incidents.

Le lendemain, mon père et mon cousin s'entendirent pour faire construire un caveau dans le cimetière d'Andillac. Ce caveau était destiné à contenir les restes de nos parents morts depuis la Révolution et enterrés dans la portion du terrain du cimetière qui touche l'église et qui est plus spécialement affectée à notre famille. C'est dans ce carré réservé que se trouvaient les tombes de Maurice et d'Eugénie.

En écrivant ce qui précède, je n'ai fait que répéter ce que j'ai entendu raconter plusieurs fois par mon père.

Pour continuer la tâche que je me suis imposée, j'ai besoin de ramasser tout mon courage. J'ai assisté à des scènes bien pénibles, j'ai vu se rouvrir bien des plaies mal fermées. J'ai été bien étonnée de me trouver calme et courageuse, malgré mes dix-huit ans, au milieu des émotions et des larmes qui m'entouraient.

Je n'avais connu aucune des personnes dont nous devions exhumer les débris. Je ne souffrais que de la douleur de Caro [1], de tante Mimi [2] et de ma cousine Anaïs [3]. Et, il faut bien que je l'avoue, je me sentais tout heureuse à la pensée que je verrais Eugénie étendue dans son cercueil. Je croyais la trouver intacte comme au jour de sa mort. J'avais même entendu émettre cette espérance par plusieurs prêtres qui avaient visité le château. La vue de la mort et de ses horreurs ne m'épouvantait pas. J'étais continuellement aux prises avec cette idée fixe : « Comment trouverai-je Eugénie ? La verrai-je tristement couchée dans son linceul ? Retrouverai-je dans ses traits les traces de sa grande bonté ?

J'éloignais de ma pensée, comme un mauvais rêve, la possibilité de me voir en présence d'une horrible déception. Je frissonnais chaque fois que mes yeux s'arrêtaient sur la tête de mort d'une image qui était dans ma chambre. Ce n'est pas ainsi que j'aurais voulu voir Eugénie.

Lorsque l'église d'Andillac fut terminée, mon cousin fit creuser et construire le caveau de famille, dans l'enfoncement compris entre le mur du cimetière et un côté de l'église, au pied de la tour du clocher.

Une fois le caveau terminé, tout le monde au Cayla

1. Caroline, fille d'Érembert, qui a épousé M. Mazuc de Guérin.
2. Mademoiselle de Guérin.
3. Madame Érembert de Guérin, mère de Caroline.

reculait le moment de la translation des restes. Cette cérémonie effrayait mes cousines et personne n'osait en fixer la date.

Au mois de mai dernier, je partis de Marseille avec ma mère, pour aller en pèlerinage à Notre-Dame de Lourdes. Nous avions le Cayla comme objectif, et pour nous y rendre nous fîmes un long détour. En quittant Lourdes, nous nous rendîmes à Mauléon, pour faire une visite à une de nos excellentes amies, la sœur Marie-Antonine-Vincent, religieuse dominicaine, qui avait élevé ma tante Marthe, sœur de mon père. Nous appelons cette bonne religieuse l'ange de notre foyer, et elle veut bien reporter sur moi une portion de l'affection qu'elle avait pour ma tante, autre ange de notre foyer qui n'est plus de ce monde depuis cinq ans.

Nous visitâmes Bayonne et Biarritz. Connaissant la Méditerranée, j'étais enchantée de voir l'Océan avec ses grandes vagues longues et noires, et surtout son flux et son reflux. Le grand Océan est bien beau, mais je le trouvai moins riant, moins bleu que notre Méditerranée.

Enfin nous arrivâmes au Cayla après avoir visité Bordeaux et Terrasson où mon frère Georges était venu nous rejoindre.

J'éprouvai un bien grand plaisir en revoyant les vieux murs du château que j'avais quitté depuis cinq ans.

Les environs du Cayla sont aujourd'hui ce qu'ils

étaient du temps d'Eugénie : mêmes buis, mêmes chênes, mêmes prairies, et toujours le grand marronnier qui se ressent lourdement de ses nombreuses années.

Je passai là un mois bien agréable, pendant lequel nous fîmes de longues et salutaires promenades avec Caro et ses enfants. Nous nous aimons tant, Caro et moi ! c'est toujours une grande joie de nous retrouver ensemble. Mais quelle tristesse lorsqu'arrive le moment de la séparation !

Mon père, appelé pour ses affaires dans l'Aveyron, devait venir nous prendre à son retour. Mon cousin désira profiter de sa présence au château pour faire la cérémonie de la translation.

Mon père arriva le mardi 15 juin, et comme il ne pouvait rester que deux ou trois jours au Cayla, ces messieurs fixèrent au lendemain matin le commencement des travaux préparatoires.

Le matin du 16 juin, nous nous rendîmes à Andillac. Le temps était lourd ; il faisait une chaleur insupportable. Le ciel était chargé de nuages noirs et menaçants. Nous faisions ce trajet dans une voiture découverte, et tout le long de la route les paysans que nous rencontrions nous disaient bonjour avec ce bon sourire qui indiquait le plaisir qu'ils avaient à nous voir.

J'avais le cœur serré ; j'éprouvais une espèce d'agitation nerveuse que je ne pouvais pas contenir. Le bruit des roues de la voiture me faisait mal à entendre ; mon père et mon cousin étaient absorbés par leurs réflexions, ils ne parlaient pas. Mais le cahot de la voiture à chaque grosse pierre du chemin, les ronces grinçant aux portières et les branches de chêne nous fouettant le visage me tenaient en éveil.

Nous arrivâmes à un détour du chemin d'où j'aperçus l'église neuve d'Andillac, fièrement assise sur le bord du coteau et dominant le grand vallon. Je ne songeai pas à admirer ses formes gracieuses et à regretter l'*inachèvement* du clocher. Mes yeux cherchaient le cimetière, et ma pensée fouillait cette terre bénie que nous venions remuer.

Il me semblait que nous faisions mal et qu'il y avait cruauté à troubler ainsi la poussière des morts. Je cherchais à me consoler en songeant que je trouverais peut-être Eugénie souriante dans son linceul. Le jeu de mon imagination me poussait à croire que je faisais une visite à cette belle âme, dont la veille encore je relisais les écrits pour la centième fois. Puis, revenant à la réalité, j'avais sur les lèvres une prière pour celle qui n'est plus.

Nous descendîmes de voiture sur la place du village. Pendant que mon père et mon cousin faisaient leur visite à M. le curé, je courus vers le cimetière, j'en ouvris la porte, et ma première impression en voyant la croix blanche qui était sur la tombe d'Eugénie fut de demander pardon à Dieu et à *elle* de ce que nous allions faire.

Le cimetière disparaissait en entier sous une couche de grandes herbes vivaces. Quelques croix émergeaient par le sommet au-dessus de ces flots de végétation. Ces grandes herbes, qui léchaient les pieds du mur de l'église, formaient dôme sur la tombe d'Eugénie. Je voyais au-dessous de ce dôme quelques fleurs plantées par tante Mimi, laissant percer leurs brillantes couleurs à travers toutes ces tiges entrelacées. Ces fleurs souriaient sous leur berceau de verdure ; cette vue me consola et me fit espérer qu'Eugénie nous pardonnait de venir troubler son repos.

Je considérai dès lors avec un nouveau plaisir cette croix blanche à laquelle était clouée une boîte ronde fermée par une vitre. A travers la vitre obscurcie on voyait une couronne de perles, des fleurs artificielles bien fanées, et au fond cette modeste inscription écrite en grosses lettres :

Ci-gît Eugénie de Guérin, décédée le 28 *mai* 1848. *Priez pour elle!*

Au pied de la tombe d'Eugénie s'élevait le mausolée en marbre blanc de Maurice, surmonté d'une gracieuse croix de fer. A travers les herbes qui en masquaient le pied, on lisait une inscription commençant par ces mots : *A mon bien-aimé!* cri de douleur de la femme de Maurice, gravé dans la pierre et suivi de longues larmes sculptées.

Après le mausolée se trouvait une lourde croix de pierre très-basse, mal taillée, en partie enfouie dans la terre. C'est là que repose le grand-père. Plus près de l'église, quelques croix en fer, debout, inclinées ou renversées, indiquaient la place où furent enterrés Érembert et d'autres membres de notre famille.

Toutes ces tombes étaient négligées. Depuis que le caveau était terminé, on ne songeait plus, au Cayla, à bêcher la terre ni à planter des fleurs au pied de ces croix. On espérait toujours que le mois suivant serait celui où l'on transporterait tous nos morts dans leur nouvelle demeure.

Je m'étais agenouillée et je priais lorsque mon père et mon cousin entrèrent dans le cimetière accompagnés du fossoyeur. La vue de ce brave homme au visage indifférent me donna froid. Il était accompagné de sa femme et de ses deux jeunes enfants, qui me souriaient avec crainte en grignotant une croûte de pain.

Au moyen des indications fournies par tante Mimi, mon père et mon cousin délimitèrent la place réservée à notre famille. On donna ordre au fossoyeur de faucher les grandes herbes et de commencer ensuite par l'ouverture de la tombe d'Eugénie.

La femme du fossoyeur se mit à l'œuvre; elle commença, au moyen d'une faucille, à couper les grandes herbes qui couvraient les environs de la croix blanche. Nous quittâmes le cimetière à ce moment. Je me sentais très-émue et j'essuyai furtivement une larme. Je ne voulais pas que mon père pût deviner mon émotion, dans la crainte qu'il ne m'empêchât d'assister à toute cette lugubre cérémonie.

Nous rentrâmes au château pour dîner. Tous les regards semblaient nous demander ce que nous avions fait et ce que nous avions vu. On était avide de nouvelles et d'émotions. Mon père détourna la conversation pour la mettre sur un terrain moins triste. Mais il était bien difficile de dérider les visages quand les cœurs étaient si disposés à la tristesse.

Après le dîner, tante Mimi demanda à mon père si sa présence à elle était nécessaire au cimetière. Mon père lui répondit qu'il ne voulait pas soumettre son cœur à une trop rude épreuve, qu'il ne l'engageait pas à entrer dans ce lieu de douleur, mais que, pour se tenir prêts à toute éventualité, il croyait qu'elle ferait bien de rester au presbytère, où nous irions lui demander les renseignements dont nous aurions besoin.

Nous partîmes de nouveau, accompagnés de tante Mimi. Il tombait quelques gouttes d'eau, le ciel était très-noir à l'horizon ; la chaleur était plus suffocante que le matin.

Je trouvais que la voiture marchait bien lentement ; il me tardait d'arriver. J'avais prié et je me sentais plus courageuse.

Avant de monter en voiture, mon père m'avait dit : « Jeanne, si tu redoutes trop d'émotion, je t'engage à rester au château. »

Je ne redoutais rien, je n'éprouvais plus aucune

crainte, aucune appréhension, je n'avais qu'un seul désir, voir les restes d'Eugénie conservés ou détruits. Que de chagrin j'aurais eu si mon père m'eût empêchée de l'accompagner!

Nous étions arrivés sur la place du village : je descendis de voiture la première et je m'acheminai en hâte vers le cimetière.

La moitié du champ de repos était fauchée; le fossoyeur disparaissait dans la fosse d'Eugénie, déjà creusée à plus d'un mètre et demi de profondeur. La croix blanche avait été retirée et appuyée contre le mur. La terre rougeâtre extraite de la tombe s'amoncelait sur un seul côté. Les enfants du fossoyeur, couchés près du mausolée de Maurice, regardaient travailler leur père pendant que la mère ramassait les herbes coupées.

Je m'approchai en tremblant et ne vis que quelques ossements réunis dans un coin. Je les regardai avec inquiétude, leur demandant si c'était là tout ce qui restait de celle que nous cherchions.

Mon père descendit dans la fosse; il examina ces ossements les uns après les autres en interrogeant le fossoyeur sur la profondeur où il les avait trouvés.

Je me sentis soulagée dès que mon père eût reconnu que ces ossements ne pouvaient pas appartenir à Eugénie. Il désira chercher lui-même et apporter tous les soins nécessaires à cette recherche. Il fit sortir le fossoyeur et se trouva seul au fond de la cavité.

Je suivais avec anxiété tous les mouvements de

mon père. Du moment où je le voyais mettre la main à l'œuvre, je sentais que le moment devenait solennel. Il frappa du pied en plusieurs endroits, écoutant si aucune sonorité ne répondait à cet appel. Hélas! je n'entendis rien de particulier.

Me regardant avec la tristesse d'un homme qui sent que ses paroles vont m'enlever une de mes chères illusions, mon père me dit qu'il ne restait plus aucune trace de bois du cercueil et que les ossements devaient être confondus avec la terre. Il ajouta qu'il fallait chercher avec le plus grand soin si on voulait mettre entièrement à jour le squelette sans briser les ossements par l'imprudence d'un coup de pioche.

Je restai pétrifiée devant cette révélation. Mon père m'expliquait que les phénomènes de conservation des corps ne se produisaient que dans des terrains spéciaux, que nous nous trouvions en présence d'un terrain très-absorbant. Il me parlait des infiltrations, de l'action des eaux; mais je l'écoutais à peine. J'avais rêvé Eugénie couchée dans un linceul toujours blanc, et je me refusais à penser que j'allais me trouver en présence de tous les ravages de la mort.

Mon père, après avoir bien examiné la direction qu'avait dû occuper le cercueil par rapport à la position de la croix, s'arma d'une truelle et se mit à écarter la terre avec prudence.

Je suivais tous ses mouvements. Je le voyais examiner toutes les teintes nouvelles de la terre; il brisait dans ses doigts les petites mottes avec l'espoir d'y trouver quelque coloration indiquant le bois décomposé. Il s'était agenouillé pour rendre son travail plus facile et moins fatigant.

Un moment il devint plus attentif; sa truelle creusait avec plus de précaution; il cherchait à écarter la terre sèche qui retombait toujours dans le trou de sondage. Il frappait de petits coups qui semblaient s'arrêter sur un corps plus dur.

La chaleur était suffocante, mon père quittait la truelle à chaque instant pour éponger son front. Il s'était courbé entièrement sur son travail, et je voyais seulement la terre rejetée avec plus de précipitation des deux côtés. Ce labeur avec la truelle devenant trop fatigant, mon père se releva et, saisissant une pelle, il continua ses recherches en dégageant les environs du point qui le préoccupait. Je le voyais humecter ses mains avec sa salive comme font les ouvriers dans les champs lorsqu'ils travaillent avec la bêche. Je lui en fis le reproche, mais il me répondit en souriant qu'il n'était pas habitué à manier les outils de fossoyeur et qu'il avait besoin de cette précaution pour assujettir le manche de la pelle dans ses mains.

Après dix minutes de ce travail de manœuvre, il reprit sa truelle et chercha de nouveau avec soin.

De larges gouttes de pluie commençaient à tomber. Il était trois heures ; on aurait dit que la nuit commençait à venir tant le ciel était noir.

La femme du fossoyeur sonnait la cloche pour chasser l'orage qui s'avançait sur nous. Cette cloche, pendue provisoirement à une solive en face de la porte d'entrée du presbytère, avait des sons pénibles. Ne pouvant pas la mettre en branle, on frappait une série de coups de battant qui ressemblaient à un glas funèbre. De grands éclairs sillonnaient la nue noire à l'horizon et me donnaient le frisson.

Mon père travaillait toujours ; il était tellement incliné sur sa truelle que je ne pouvais plus suivre ses mouvements.

Tante Mimi venait d'entrer dans le cimetière. Pour s'abriter contre la pluie qui commençait à tomber, elle avait couvert sa tête avec son schal noir. Sa démarche était mal assurée, on voyait qu'elle se faisait violence, mais qu'elle n'avait pas pu résister au désir d'assister à la lugubre cérémonie. Elle tomba à genoux près de la fosse, les yeux humides et les joues colorées par l'émotion. Elle regardait et priait. Son immobilité était telle qu'on l'eût prise pour la statue de la Douleur. Elle suivait d'un œil inquiet tous les mouvements de mon père, ses lèvres priaient et ses yeux cherchaient. Son anxiété était tellement grande que je voyais son visage peu à peu devenir livide.

Le temps s'obscurcissait de plus en plus. Quelques grondements lointains nous annonçaient que l'orage était proche, la pluie devenait de plus en plus forte et la cloche sonnait toujours.

Un rayon de soleil passant entre deux nuages noirs

nous éclaira un moment et s'en fut lécher le grand mur de l'église.

Mon père n'avait plus qu'un genou en terre, il était très-agité, je comprenais qu'il éprouvait une émotion violente.

Tout à coup un éclair prolongé et très-lumineux déchira la nue et fut suivi presque immédiatement d'un violent coup de tonnerre dont la détonation répercutée ressemblait au fracas d'une grande roche roulant sur le versant d'une montagne et se brisant à chaque choc.

Je crus que la foudre était tombée sur l'un de nous. Mon père s'était relevé en arrière par un brusque mouvement involontaire, et pendant que tante Mimi et moi priions et que les derniers roulements du tonnerre s'éteignaient dans le lointain. Étendant alors sa main vers le fond de la fosse, il nous dit d'une voix remplie de tristesse : « Voilà la tête d'Eugénie. »

Je me penchai vers le fond de la fosse et je vis, enchâssée dans un vêtement de terre, cette tête inclinée sur le côté droit ; ses yeux vides étaient tournés de mon côté, ils semblaient conserver un reste de cette grande résignation et de cette grande abnégation qui furent toute l'existence d'Eugénie.

Ce long sourire de la mort était pénible à voir, et pourtant il me semblait moins dur que celui des crânes décharnés que j'avais déjà vus.

Un nouveau coup de tonnerre accompagné d'une grande pluie nous forcèrent à nous réfugier au presbytère.

En attendant la fin de l'orage, chacun donnait cours à ses pensées. Ces messieurs échangeaient quelques paroles à voix basse. Tante Mimi, la tête toujours cachée dans son schal noir, priait et pleurait, et moi je pensais à ce rayon de soleil, à cet éclair et à ce coup de tonnerre qui s'étaient fait voir et entendre au moment même où la tête d'Eugénie revoyait le jour après vingt-sept ans d'enfouissement.

Lorsque l'orage fut dissipé, nous retournâmes au cimetière. La pluie avait lavé le crâne d'Eugénie ; il était plus blanc ; ses dents aussi plus blanches distillaient un sourire moins long et moins triste. Elle semblait endormie sur cet oreiller de terre. On eût dit qu'elle se reposait d'une longue nuit passée au chevet de son Maurice, qui, hélas ! reposait à ses pieds sous le mausolée de marbre.

Mon père descendit de nouveau dans la fosse pour continuer son pénible travail. Au moment où il dégageait sur la droite les alentours du crâne, sa truelle rencontra une feuille de plomb. Il fit quelques efforts pour se rendre compte de la présence de ce métal, mais bientôt, pris par la fatigue, il pria mon cousin de venir le remplacer.

Mon cousin, après avoir creusé profondément sur la droite et un peu dans tous les sens, finit par dégager une boîte de plomb ayant la forme d'un cœur.

Cette boîte n'avait plus de couvercle, elle était simplement remplie de terre.

Nous demandâmes à tante Mimi quelques renseignements sur la présence de ce reliquaire dans le cercueil d'Eugénie. Elle nous répondit qu'elle nous dirait plus tard ce que contenait ce cœur de plomb et pourquoi il avait été déposé dans le cercueil de sa sœur.

Mon cousin continuait avec la truelle à dégager les restes d'Eugénie. Je vis peu à peu se dessiner les os du cou, puis l'épaule et le bras droit, et enfin j'aperçus, s'allongeant sur sa poitrine, cette main droite qui avait écrit de si belles choses. Cette main, qui fut si laborieuse, était entourée des débris d'un chapelet et d'un scapulaire. Mon cousin s'empressa de recueillir ces précieuses reliques; il me les remit en me disant que ce serait pour nous tous un bien précieux souvenir, que je les partagerais avec Caro.

Une heure plus tard, malgré de nombreuses interruptions occasionnées par la pluie, le squelette d'Eugénie était en entier mis à jour.

J'étais agenouillée sur le bord de la fosse. Je n'avais plus de courage pour prier. Je regardais ces débris délicats et complets; cette charpente qui avait soutenu tout un édifice de poésie, de piété et d'amour fraternel.

Je songeais à cette âme qui avait abandonné la poussière pour monter dans le ciel, à cette âme qui se reflète en des écrits faits pour réchauffer le courage de ceux qui ont la foi. Je me disais que si Dieu avait envoyé Jeanne d'Arc pour sauver la couronne d'un roi, il avait envoyé Eugénie pour faire diversion à cette littérature réaliste qui tend à détacher les hommes du bien, car elle poétise l'inconduite et l'immoralité : littérature cruelle qui pénètre jusqu'au fond des chaumières et crée les mirages qui font croire à tant de gens qu'on peut être heureux sur terre sans la foi ! œuvres de la spéculation ou de la fantaisie qui arrachent les familles à l'Église pour les conduire au cabaret ! écrits qui engendrent ces âmes affolées qui, ne croyant plus au travail, à la famille, au lendemain, à Dieu, ne reculent devant rien ! écrits qui dissolvent le principe d'agrégation de la société, énervent tout un peuple et font qu'il n'est plus ouvert qu'aux idées personnelles ! écrits qui tuent le courage sur les champs de bataille, qui poussent à toutes les extrémités et font oublier aux hommes que le corps perd sa vigueur dans ces luttes et ces excès ! écrits enfin qui nous éloignent de cette pensée, que l'âme est immortelle et que chacun doit être soucieux de lui ouvrir la route qui doit la conduire au ciel.

Mon père était descendu de nouveau dans la fosse afin d'aider mon cousin à recueillir tous ces précieux débris. Ces messieurs étaient indécis, ils éprouvaient comme un remords de détruire ce qui gardait encore une forme humaine.

Enfin mon père se fit violence, il prit avec précaution la tête d'Eugénie et la déposa près de moi sur un linge blanc. Avec un morceau de bois il écartait la terre qui encombrait les cavités. Il considérait ce crâne dans tous les sens pour y retrouver certains caractères personnels. Il me fit observer que l'angle facial était très-développé; le front était grand, bombé, et se rapprochait de la perpendiculaire. Les orbites étaient larges et profondes; les racines nasales se redressaient légèrement; un restant de cartilage permettait de deviner la forme du nez, qui devait être un peu fort et relevé. Les dents étaient blanches et régulières. Mon père plaça sa main en avant de la mâchoire, cherchant à imiter une bouche au moyen du pouce et de l'index : il voulait retrouver le sourire de bonté d'Eugénie, mais il ne pouvait y parvenir.

Eugénie ne devait pas avoir cette régularité de traits qui nous fait trouver une femme jolie. Un affaissement du maxillaire supérieur, à la jonction du nez, laissait supposer que la lèvre devait être relevée; cette dépression donnait à cette tête un je ne sais quoi de particulier. On y croyait lire un mélange de mélancolie, de souffrance, de bonté et de résignation. Au fond de ces orbites qui avaient dû contenir de grands yeux noirs, je surpris les déchirures des os par lesquelles le cerveau se trouve en communication avec les globes de l'œil; ces déchirures, au fond des orbites, me faisaient l'effet d'un regard fixe, creux et mélancolique qui m'attristait.

Malgré le manque de régularité que je constatais

dans les traits, je trouvais à l'ensemble de cette tête quelque chose de fin, de distingué et de délicat. La tête était petite. La dimension des restes que je voyais étendus dans la fosse montrait d'ailleurs assez qu'Eugénie avait dû être d'une taille au-dessous de la moyenne.

Je fus interrompu dans mes réflexions par mon père qui me tendait les ossements que lui faisait passer mon cousin à mesure qu'il les détachait de la terre. Le toucher de ces ossements ne me produisait aucune sensation désagréable. Je les plaçais doucement dans le linge blanc les uns à côté des autres; j'avais pour eux la vénération que j'éprouve pour les reliques des saints. Lorsque mon père me remit les petits ossements de la main droite, je les conservai longtemps dans mes deux mains; ils étaient frêles, délicats, allongés. Il y a tant de petits os différents pour la construction d'une main, que je n'arrivais pas à distinguer ceux des doigts.

Lorsque mon père me tendit l'ossement de l'avant-bras gauche, je vis un bouton de nacre blanc qui adhérait à la hauteur du poignet. Je déposai ce bouton à côté des débris de chapelet et de quelques clous rouillés du cercueil trouvés dans la terre.

Peu à peu il ne resta plus rien dans la fosse ; j'en éprouvai un serrement de cœur. Il me peinait de voir les restes d'Eugénie ramassés dans ce linge blanc : je la trouvais plus grande étendue dans la terre avec un restant de structure humaine.

La nuit venait à grands pas, nous n'étions plus éclairés que par les dernières lueurs du crépuscule. Mon père ne voulant pas me laisser plus longtemps dans ce champ de la mort, de crainte de trop m'impressionner, s'empressa de nouer le linge blanc et nous emportâmes ce précieux dépôt dans l'église.

Au moment où nous quittions le cimetière, le fossoyeur et sa femme rejetaient la terre dans le trou béant de cette fosse, sur laquelle on avait tant pleuré.

Lorsque nous rentrâmes au château, il faisait entièrement nuit. Tante Mimi cachait son émotion, mais je voyais bien qu'elle était brisée. Je ne voulus pas augmenter son chagrin en lui demandant des renseignements sur la boîte de plomb ; je préférai de les demander à ma cousine Anaïs.

Cette boîte avait contenu le cœur du grand-père d'Eugénie, qui était le frère de mon arrière-grand-père.

C'était un homme de bien, adoré de sa famille, et très-considéré dans tout le pays. A sa mort son cœur fut placé dans ce reliquaire et conservé pieusement par la famille, malgré la frayeur qu'il inspirait dans toute la contrée. Sa présence au château donnait naissance à des contes de revenant que la superstition des paysans ajoutait aux vieilles légendes du Cayla.

L'aile gauche du château, suivant la légende du

pays, était habitée par la dame blanche, qui marchait toujours la nuit accompagnée d'une chèvre au bêlement plaintif.

La tour était habitée par les farfadets, qui, dès que minuit sonnait, dansaient la farandole dans les grands greniers du château.

La dame blanche avait bien la réputation de protéger le Cayla et les récoltes ; on ne disait que du bien de ses longues promenades sur la lisière des bois ; malgré cela, les paysans n'en parlaient qu'avec un frisson de terreur.

De tout temps, les châtelains du Cayla avaient essayé de détruire ces croyances superstitieuses qui ne reposaient sur rien. Pendant l'été les paysans semblaient bien admettre que notre religion ne nous permet pas de croire aux fantômes et aux revenants, qui n'existent que dans la pensée des esprits faibles. Mais dès que l'hiver arrivait, les contes de la veillée rapportant quelques prouesses nouvelles des farfadets, de la dame blanche et du cœur sans sépulture, rendaient ces superstitions de plus en plus vivaces.

Par une soirée de juillet, ma cousine Caro, âgée alors de seize ans, voulut mettre à l'épreuve les terreurs des métayers du château.

C'était au moment du battage des blés ; la journée avait été chaude ; la soirée était orageuse, on craignait la pluie ; aussi les ouvriers travaillaient-ils encore après le crépuscule pour mettre les gerbes à l'abri.

Tous les paysans du Cayla étaient sur l'aire ; quelques-uns, d'une voix chevrotante, chantaient quelques refrains du pays aux notes prolongées.

Caro se couvrit d'un grand drap blanc traînant derrière elle. Elle suivit la lisière du bois de chênes qui décrit une courbe à partir de la métairie jusqu'aux vignes situées au loin derrière le Cayla. Elle marchait lentement pour bien se donner les allures d'un fantôme pacifique.

Les chants cessèrent, les paysans chuchotaient entre eux, ils osaient à peine tourner la tête du côté de cette vision que grandissaient les ombres du soir, et qui marchait à pas mystérieux. Parfois le fantôme disparaissait derrière les arbres, puis se révélait de nouveau encore plus grand d'apparence, se détachant sur le fond noir de la forêt.

Métayers et ouvriers se bousculèrent pour hâter leur travail; les femmes faisaient le signe de la croix; chacun ramassait à la hâte ses vêtements et ses outils, et bientôt ils se dirigèrent tous vers la grande cuisine du château en se pressant les uns contre les autres, pesonne ne voulant s'exposer à marcher le dernier.

A peine entrés dans la cuisine où ils devaient prendre leur repas du soir, le métayer ferma la porte à double tour et tous les paysans poussèrent un soupir de soulagement en s'asseyant autour de la grande table, devant une écuelle de soupe fumante.

Quelques minutes plus tard, Caro, ayant déposé son costume de fantôme, entrait toute joyeuse dans la cuisine. Elle ne put retenir un éclat de rire en voyant la figure piteuse des batteurs qui mangeaient le nez baissé dans leurs écuelles.

« Qu'as-tu, Jeannot, dit-elle au vieux métayer? Tu n'as pas l'air content.

— Nous l'avons vue, mademoiselle, répondit Jeannot en patois, sans relever la tête.

— Qu'avez-vous vu?

— Nous avons vu la dame blanche et sa chèvre; elles étaient sur la lisière du bois, du côté de Sept-Fonds. La chèvre avait de grandes cornes, longues comme le bras.

— Tu as rêvé, mon pauvre Jeannot, lui répondit Caro, en riant de plus belle.

— Oh! ne riez pas, mademoiselle, parce que la dame blanche vous jetterait un mauvais sort. »

Caro voulut rassurer ces braves gens; elle leur raconta que c'était elle qui s'était déguisée en dame blanche, qu'elle n'avait pas de chèvre, et que tous les fantômes du Cayla ne gisaient que dans leur imagination. Les batteurs ne voulurent pas se rassurer; ils se refusèrent à croire ce que leur disait ma cousine, ils préféraient supposer qu'on cherchait à détourner leur attention d'un incident peut-être rempli de menaces pour le château.

S'il arrivait quelque chose de malheureux au Cayla, on l'attribuait alors volontiers à l'influence de la dame blanche ou des farfadets. Mais depuis la mort du grand'-père, les malheurs du Cayla ne furent plus imputés qu'à la présence de ce cœur renfermé dans la boîte de plomb, qui était pieusement conservé au château.

Mon cousin Érembert était marié depuis quelques années. Il avait eu la douleur de perdre successivement trois enfants de l'âge de six mois à un an. Ma cousine Anaïs se désolait et ne cachait son chagrin à personne. On la plaignait, on cherchait à la consoler, mais tout le pays disait que le Cayla aurait à subir les punitions du ciel tant que le cœur du grand-père se trouverait sans sépulture.

Érembert ne voulait tenir aucun compte de ces opinions superstitieuses. Pourtant, à la mort de son troisième enfant, il crut devoir faire une concession à l'opinion du pays, il promit que le cœur du grand-père serait placé dans la bière de la première personne de la famille qui décéderait au château.

Ce fut Eugénie qui la première rendit sa belle âme à Dieu ; c'est dans son cercueil, où nous l'avons trouvé, que fut déposé ce cœur vénéré du Cayla, et redouté des paysans.

Ma cousine Caro était née entre la mort du troisième enfant et celle d'Eugénie. Ma cousine Anaïs me disait que si elle avait pu conserver sa fille, les paysans se plaisaient à dire que c'était grâce à la promesse qu'avait faite Érembert, de déposer ce cœur en la terre bénie ; mais, pour elle, ce grand bonheur était dû aux prières d'Eugénie.

« On ne saura jamais, me disait Anaïs, jusqu'où

» Eugénie poussait l'abnégation d'elle-même. Elle
» oubliait tout pour se dévouer aux siens. Croirais-
» tu, ma chère Jeanne, que cette pauvre Eugénie
» passa les trois jours qui précédèrent la naissance
» de Caro, agenouillée dans ma chambre, priant,
» pleurant, refusant de voir personne et de prendre
» aucune nourriture? Le monde, ma chère enfant, a
» deviné Eugénie à travers les lignes de ses écrits ;
» mais le monde ne peut pas savoir ce que la famille
» sait de ce grand cœur et tout ce qu'elle lui doit. »

Le lendemain 17, mon cousin et mon père devaient continuer l'exhumation des restes des autres membres de la famille. Je m'étais levée un peu tard, je me sentais exténuée par toutes les émotions de la veille, mais toujours désireuse d'accompagner mon père et mon cousin au cimetière.

Nous arrivâmes à Andillac vers 10 heures du matin : il faisait beau temps, il n'y avait plus dans le ciel ces grands nuages noirs de la veille.

La fosse d'Eugénie était comblée; celle de Joseph, son père, était ouverte. On avait renversé la pyramide du mausolée de Maurice, et écarté le dé de marbre qui la supportait. Je m'assis sur ce dé afin de suivre l'opération sans fatigue.

Mon père était soucieux, il examinait tous les ossements trouvés à diverses profondeurs. Joseph, mort dix ans après son fils Maurice, avait été enseveli dans la même fosse. Nous ne connaissions cette particularité que depuis le matin et nous nous expliquions mal cette obligation du moment, qui avait nécessité l'ouverture de la tombe de Maurice, pour y enterrer son père. Il fallait que la famille eût été bien éprouvée à cette époque puisqu'il y avait eu insuffisance de place dans le carré réservé à ses morts.

Mon père craignait de faire confusion : il désirait retrouver les ossements de Maurice, et surtout ne point les confondre avec d'autres reposant dans ce même terrain.

Les gens du pays nous disaient se rappeler que les os de Maurice avaient été déposés en partie au pied de la bière de son père.

Après avoir mis de côté tous les ossements trouvés jusqu'à deux mètres de profondeur, et qui avaient dû appartenir aux membres de notre famille morts avant Maurice, mon père se mit en mesure de chercher avec la truelle le squelette de Joseph.

Bientôt après je voyais se dessiner une nouvelle charpente humaine qui avait dû appartenir à un homme grand et robuste. La tête était aussi inclinée du côté droit. Les bras et les jambes étaient longs, la poitrine large. Mon cousin dégageait le squelette comme il avait fait pour celui d'Eugénie. Mais quelle différence dans les membrures ! Eugénie, avec ses formes frêles, conservait encore quelque chose d'angélique. Les restes de son père semblaient dormir lourdement comme du plomb sur ce matelas de terre. Ils conservaient les marques de cette force, de cette vigueur des anciens preux aux larges épaules combattant sous l'armure de fer, transmise jusqu'à lui avec le sang, de génération en génération : chevaliers d'autrefois, vivant au milieu des souvenirs d'honneur de leur famille ; race de géants qui a donné et donnera toujours son sang pour Dieu, pour sa patrie et pour son roi ; preux soldats de la foi, devenus laboureurs, vivant loin des bruits du monde et des influences néfastes de l'alcool et des théories pernicieuses ; hommes de cœur élevant leurs enfants dans la crainte de Dieu et l'amour du bien !

Joseph, comme ses devanciers, était arrivé à un âge très-avancé. Il avait gardé jusqu'à ses derniers moments toute la fraîcheur de son esprit, toute la bonté de son cœur. Lorsque son âme dut rejoindre dans le ciel celle des siens qui l'avaient précédé, son corps descendit pesamment dans la fosse, conservant les apparences de cette vigueur qu'aucun excès n'avait atteinte.

Mon cousin avait fait préparer une grande bière à compartiments. Chaque compartiment portait une plaque en zinc sur laquelle on avait poinçonné le nom de celui auquel il était destiné.

Tous les restes de Joseph furent recueillis avec soin et placés dans le compartiment qui portait son nom.

Après avoir mis de côté tous les ossements trouvés à diverses profondeurs, après avoir démonté le squelette de Joseph, il était certain que les os qui seraient trouvés en continuant les fouilles dans cette fosse devaient appartenir à Maurice.

En fouillant la terre au pied de l'emplacement occupé par Joseph, mon cousin découvrit des ossements entassés que nous plaçâmes dans le compartiment de la grande bière réservé à Maurice. Plusieurs paysans les avaient reconnus pour être ceux que nous cherchions. Il ne pouvait y avoir aucun doute, mais il manquait la tête.

Pour trouver cette tête, mon père, procédant par appréciation, interrogeait tous les coins sans succès. Il restait sur le côté droit de la fosse un monticule de terre assez grand qui n'avait pas encore été attaqué par la pioche. Il y avait trop de travail à faire pour le tenter avec la truelle. Mon père employa en guise de bêche un outil à deux branches qui est en usage dans ce pays. Après avoir ébranlé cette aspérité, il lui fut plus facile de la détruire par fragments. Le fossoyeur avait offert de donner lui-même quelques coups de pioche, mais mon père avait refusé, il craignait la maladresse d'une main peu intelligente, pouvant briser le crâne qu'il cherchait.

Mon cousin avait amené ses deux enfants, Eugénie et Nérestan, qui n'ont que huit et neuf ans. Il voulait les accoutumer à la vue des ravages de la mort. Ces deux enfants étaient remplis d'étonnement et ne se rendaient que difficilement compte de ce qui s'étalait sous leurs yeux. Ils s'étaient accroupis sur les bords de la fosse et suivaient tous les mouvements de mon cousin cherchant les restes d'Érembert, et de mon père cherchant le crâne de Maurice. Leurs petites voix, adressant des questions auxquelles il était parfois difficile de répondre, faisaient un peu diversion à la monotonie lugubre de ce travail.

Le fossoyeur avait creusé presque tout le carré réservé à la famille. De tous côtés on voyait des crânes et des os brisés gisant à terre ou s'étageant dans tous les sens aux parois de ce grand trou béant. Le brave homme s'ennuya sans doute de rester dans l'inaction pendant que ces messieurs, tout en sueur, travaillaient chacun de leur côté. Il lui prit fantaisie de piocher vers le fond de la partie creusée pour enlever un petit monticule. Ces messieurs n'arrivèrent pas à temps pour empêcher un coup de pioche malheureux qui, frappant brutalement en plein crâne d'Érembert, le mit en pièces.

Au choc creux de ce coup de pioche, mon père se retourna brusquement en disant d'un ton contrarié : « Je l'avais prévu. »

Mon cousin s'empressa de ramasser les fragments du crâne brisé, et mon père continua à déblayer la terre où il supposait que devait se trouver la tête de Maurice. Il venait de découvrir plusieurs ossements de la main, lorsque sa truelle, pénétrant dans la terre, fut arrêtée par un corps résistant.

Quelques minutes plus tard, mon père se relevait tenant dans ses mains un crâne entier et bien conservé qu'il examinait avec désappointement. Il n'osait pas se prononcer, tellement cette tête ressemblait à celle d'une femme. Il interrogeait tante Mimi, sur la taille de Maurice, sur la forme de ses traits et sur tout ce qui pouvait le guider dans son appréciation.

Les réponses de tante Mimi dissipèrent tous les doutes. C'était bien la tête de Maurice.

Ce crâne était très-allongé du côté du cervelet; l'os frontal était proportionnellement large, haut et bien découpé. Deux saillies bien accusées surplombaient les arcades sourcilières. Ce front semblait trop large pour les lignes fines et l'ensemble efféminé de la face. La racine du nez très-prononcée accusait le grand nez arqué des de Guérin. Les yeux avaient dû être grands, car les deux cavités qui les avaient contenus étaient larges et profondes. Les dents étaient petites, blanches, bien alignées et entièrement conservées.

Pendant que mon père retirait la terre des cavités de ce crâne, je cherchais à découvrir quelques reflets de cette intelligence que l'on voit briller dans les écrits de Maurice. Je ne trouvais rien qui me révélât la sauvage conception du Centaure, rien des rêveries poétiques de son séjour en Bretagne. Ce crâne vu de trois quarts n'offrait qu'un reflet de tristesse.

Lorsque mon père déposa dans la grande bière cette tête qui fut si chère à Eugénie, je l'accompagnai du regard. Je réunissais dans ma pensée, plus étroitement encore qu'elles n'allaient l'être dans le même cercueil, ces deux têtes du frère et de la sœur qui s'étaient tant aimés, et j'étais toute émue de ne trouver aucune émotion dans ces débris inanimés.

Mon cousin recueillit tous les ossements d'Érembert et des autres membres de notre famille ; mon père les classa dans la grande bière. Ce travail dura jusqu'au soir, et lorsqu'il fut terminé, le fossoyeur et le cocher transportèrent la grande bière dans l'église, où nous les accompagnâmes.

Sur la grande et vieille huche au pain bénit, qui se trouve près des fonts baptismaux, je trouvai la petite caisse destinée aux restes d'Eugénie.

Je manifestai à mon père le désir de déposer moi-même, dans cette châsse, les ossements vénérés de notre sainte.

Plusieurs prêtres, en visite au presbytère, venaient d'entrer dans l'église. Ce fut devant eux que je commençai le classement dont j'étais toute fière.

Je pris la tête dans mes mains et je la considérai encore une fois avant de me séparer d'elle. Je sentis une larme d'adieu me brûler la paupière. Si j'avais été seule, je crois que j'aurais embrassé ce front qui fut le siége de tant de choses que j'enviais ; mais je n'osai pas, devant tous ces messieurs, me livrer à cet épanchement de mon cœur.

J'allais me séparer de cette tête aimée, lorsque je m'aperçus qu'il y avait sur le côté droit un peu de terre sèche oubliée. Je voulus gratter cette terre et je demeurai muette d'étonnement en voyant qu'elle recouvrait les débris d'une mèche de cheveux. Combien ma joie fut grande ! Je fus sur le point d'oublier que j'étais dans une église, en présence de cercueils. Je me sentais disposée à tout oublier pour ne songer qu'au bonheur d'avoir cette relique nouvelle que j'étais heureuse de partager avec Caro.

Pendant que mon père recueillait cette mèche de cheveux qui tombait en poussière en la touchant, je m'appuyais contre son bras avec cette crainte de l'enfant gâté qui prévoit qu'on pourrait lui enlever le jouet qu'il préfère.

Ces cheveux étaient châtain foncé. Ils s'étaient conservés justement au point où le crâne reposait sur le bois du cercueil. Je les plaçai dans mon livre de messe et oubliai ma joie d'enfant pour terminer le classement des ossements dans la châsse.

Lorsque j'entendis le bruit du marteau résonnant dans cette église sonore et clouant ces cercueils, je sentis que j'avais fait jusque-là un grand effort sur moi pour rester calme. Je ressentis pour la première fois les effets de la douleur muette, de cette douleur sans larmes qui fait tant souffrir. Je m'acheminai vers le chœur de l'église et m'agenouillai pour retrouver mon courage dans la prière.

Je ne sais pas combien de temps je restai priant et méditant pour reprendre mon assurance. Lorsque je me levai pour retourner au cimetière où j'entendais des bruits de voix, je me trouvai seule dans l'église. Je restai un bon moment une main appuyée sur mon prie-Dieu. En me retournant je vis, à l'entrée des fonts baptismaux, un catafalque couvert d'un drap mortuaire dont les plis descendaient jusqu'à terre. Ce catafalque était étrange ! Sur le grand cercueil commun on avait déposé la châsse d'Eugénie. Le drap noir couvrait le tout en lui donnant une forme inusitée. La châsse, beaucoup plus petite que la grande bière, semblait s'en être détachée et la dominer. — C'est vrai, me dis-je, Eugénie est bien au-dessus de sa famille.

Des cierges étaient allumés en avant et sur les côtés de ce catafalque. Il m'apparaissait comme un autel dont la caisse d'Eugénie formait le tabernacle.

C'était bien en effet le tabernacle de la famille de Guérin. Cette caisse contenait ce que nous avons de plus précieux et de plus sacré. N'y a-t-il pas là le souvenir de ce calice d'amertume qu'Eugénie a bu jusqu'à la lie pendant toute sa vie ? N'est-ce pas comme un ostensoir où repose l'âme d'Eugénie, entourée d'une auréole littéraire dont les rayons lumineux s'étendent sur toute la famille ?

En quittant l'église, ma pensée écrivait sur cet autel funèbre la devise des de Guérin du Cayla :

Omni exceptione majores !

En entrant de nouveau au cimetière, je vis le fossoyeur enlever la dalle qui bouchait l'entrée du caveau. Je détournai mes yeux de cette ouverture sombre, réservoir profond des larmes de ma famille.

Mon père et mon cousin, aidés du cocher, remuaient le grand dé de marbre qui formait la base du mausolée de Maurice, ils le poussaient vers la plate-forme du caveau, sur laquelle ils voulaient le placer. Je n'étais pas habituée à voir ces messieurs se livrer à un travail si pénible. Ce bloc de marbre avançait lentement, glissant sur des bois ronds, poussé par des leviers et soulevé avec ensemble. Je m'effrayais des cris prolongés, poussés par ces messieurs chaque fois qu'ils avaient besoin d'un effort nouveau pour mettre cette pierre en mouvement. Ce travail, qui eût été si simple exécuté par des ouvriers ordinaires, devenait solennel avec le concours de ces messieurs, en présence des personnes qui se trouvaient dans le cimetière.

Une fois le dé de marbre en place sur le caveau, il fallut prendre les plus grandes précautions possibles pour transporter la pyramide qui devait le surmonter.

M. le curé d'Andillac, et M. l'abbé, précepteur des enfants du Cayla, prêtèrent leur concours. La pyramide fut déposée doucement sur trois barres de bois et soulevée péniblement. Elle était lourde. Mon père et mon cousin ouvraient la marche, derrière eux se trouvaient le fossoyeur et le cocher. Le côté de la croix était soutenu par M. le curé d'Andillac et par M. l'abbé.

En voyant cette pyramide couchée sur les barres de bois, s'avancer ainsi d'un pas régulier, grâce à l'ensemble dans les mouvements des porteurs, je me plaisais à comparer ce convoi à la marche normale de notre société.

En avant sont les pionniers de l'intelligence soutenant la base de l'édifice. A l'autre extrémité, les ministres de Dieu soutenant la croix qui doit tout dominer. Au centre, les travailleurs mettant leurs bras au service de l'intelligence qui les précède et de la foi qui les suit et les protége.

La foi, le travail et la science doivent marcher unis dans les chemins difficiles de l'époque bouleversée que nous traversons. Si un seul de ces murs de soutènement fléchit, l'édifice menace ruine.

Je me disais aussi que si un seul de ces messieurs fléchissait sous le poids de ce morceau de marbre, la pyramide chavirant pourrait occasionner quelques malheurs dans sa chute. Heureusement il n'en fut rien. Après des efforts de tous genres, je la vis enfin assise sur sa base, dominant l'ouverture noire du caveau.

Le lendemain, 18 juin, était un vendredi. Dès le matin de bonne heure, tout le monde, au Cayla, était en noir. Chacun avait le cœur serré; on ne s'abordait dans les escaliers ou les appartements qu'avec un sourire de tristesse.

Je fus prête la première et, en attendant le moment de monter en voiture pour aller à Andillac, je me promenais sur la terrasse du château. J'interrogeais le ciel pour savoir si nous aurions une journée sans pluie. Quelques gros nuages à l'horizon couraient du côté des Pyrénées. J'avais lieu d'espérer qu'ils n'arriveraient pas jusqu'à nous dans la matinée, pour déverser tous leurs trésors liquides.

Sur le chemin de Vieux, quelques paysans endimanchés s'acheminaient vers Andillac. Les femmes avaient la tête cachée sous les grands chaperons de paille ornés de rubans noirs en usage dans le pays, elles marchaient pieds nus dans la poussière du chemin et portaient leurs souliers ou leurs sabots sous le bras. Étrange manie. Les musulmans enlèvent leurs chaussures pour entrer dans les temples de l'Islam! Les femmes des environs du Cayla marchent pieds nus par tous les temps et ne se chaussent le plus souvent que pour entrer dans les églises.

Depuis le point du jour la cloche d'Andillac sonnait le glas des morts. Je prêtais l'oreille pour percevoir quelques-uns de ces sons cruels, mais le vent contraire les empêchait d'arriver jusqu'à moi.

Le long de la route, je rencontrai de ces pénibles contrastes qu'offre partout le monde, même dans le cercle le plus restreint.

Pendant que j'étais sous l'impression de la tristesse qui régnait au Cayla, je voyais les paysans qui suivaient le chemin, se rendant à l'église pour assister à la messe des morts; mais, de leur part, c'était simplement un témoignage de considération pour la famille. Les uns parlaient de leurs affaires, d'autres riaient, d'autres cheminaient sans rien dire.

Dans la prairie qui se trouve près du ruisseau, des femmes remuaient le foin coupé pour le faire sécher; elles chantaient en travaillant, sans s'inquiéter de la douleur des uns ni de l'indifférence des autres. Sur les bords de la mare aux lessiveuses, qui est au pied du monticule sur lequel se trouve le château, je voyais des enfants se poursuivre en riant. Sur le chemin de Lintain, une charrette chargée de foin marchait lentement, traînée par des bœufs. J'entendais les roues grincer dans les ornières, pendant que le paysan en tête de l'attelage l'encourageait par de petits cris aigus qui précédaient le coup d'aiguillon.

Un mendiant ayant un long bâton à la main sur lequel il s'appuyait, comme nos patriarches pasteurs de la Bible, marchait courbé derrière la charrette de foin. Il me semblait deviner de loin, sous sa longue barbe grise, le sourire d'amertume de l'homme malheureux, abandonné de tous, incapable de travailler, courbé sous le poids des années et de la souffrance, qui appelle la mort pour mettre fin à ses maux et qui pourtant mendie le morceau de pain qui doit le faire vivre et par cela même prolonger ses souffrances. Travail, chagrin, plaisir, misère, indifférence, tout cela se heurte et se croise dans les petits comme dans les grands milieux. Ainsi est faite la société.

Nous étions partis pour Andillac au moment où le coucou de la salle à manger marquait neuf heures.

Caro et sa mère étaient tristes et pâles. Elles se regardaient de temps en temps avec angoisse ; elles retenaient leurs larmes dans la crainte que le chagrin de l'une n'augmentât la douleur de l'autre. La messe que nous allions entendre rappelait à Caro, son père ; à Anaïs, elle rappelait Érembert et tous ses enfants morts.

Lorsque nous arrivâmes à l'église il se trouva que nous étions en retard ; M. le curé nous attendait pour commencer l'office des morts.

Le catafalque occupait toujours la même place, à l'entrée des fonts baptismaux.

Quelques paysans étaient agenouillés au fond de l'église ; il y avait quelques femmes assises sur les chaises du milieu.

Près du catafalque, deux jeunes filles habillées de blanc se tenaient debout, un cierge à la main. Placées dans cette partie obscure de l'église, elles ressemblaient à deux anges gardiens descendus du ciel pour protéger les restes d'Eugénie.

M. l'abbé, précepteur des enfants, commença les chants de l'office d'une voix forte, et M. le curé, suivi processionnellement de toute l'assistance, fit la levée des cercueils.

Je n'avais jamais assisté à un enterrement. J'étais toute émue de voir M. le curé s'avancer lentement au milieu de l'église, suivi des deux jeunes filles habillées de blanc dont les cierges laissaient en arrière une longue flamme jaunâtre. Les cercueils étaient portés par quatre paysans. Mon cousin et mon père venaient ensuite, suivis de l'assistance.

Les cercueils furent placés à l'entrée du chœur ; M. le curé monta à l'autel.

A ce moment, tante Mimi, Caro et Anaïs ne purent plus retenir leurs larmes. Elles sanglottaient. Tante Mimi, agenouillée sur les dalles, était affaissée ; son front caché dans ses mains s'inclinait presque jusqu'à terre. J'aurais voulu pouvoir lui donner quelques paroles de consolation ; mais que dire en présence de cette plaie qui se rouvrait ! Si les larmes sont l'écoulement naturel de tout chagrin qui déborde, il était préférable de la laisser pleurer.

Caro était assise entre ses deux enfants; elle était immobile, les mains jointes et les yeux fixés devant elle sans rien regarder. Ses larmes coulaient silencieusement et tombaient sur ses mains. Ses enfants, n'ayant pas bien la conscience de ce qui se passait autour d'eux, s'appuyaient contre les bras de leur mère et la regardaient avec inquiétude.

Lorsque la cérémonie fut terminée, lorsque les cercueils sortirent de l'église, je m'approchai de tante Mimi, et lui touchai légèrement l'épaule. Elle se leva péniblement et me suivit en cachant son visage dans son mouchoir.

Caro resta dans l'église, elle n'eut pas la force de nous accompagner. Ma cousine Anaïs marchait devant nous, soutenue par ma mère. Mon père et mon cousin, la tête découverte, suivaient les cercueils.

Au moment où on descendit les bières dans le caveau, je ne pus m'empêcher d'en vouloir à mon père et à mon cousin de n'avoir trouvé aucunes chaudes paroles à prononcer sur les vertus de ceux que nous étions venus conduire à leur dernière demeure. Il y avait tant de choses à dire que ce silence me faisait mal.

Et pourtant, à quoi auraient servi des paroles plus ou moins touchantes, si ce n'est à redoubler les sanglots de mes cousines? Qui aurait pu les comprendre parmi ces paysans et paysannes plus étonnés qu'affligés? Que pouvait-on apprendre aux deux prêtres qui vivaient dans l'intimité du château?

Mais que de gens seraient venus de loin pour assister à cette cérémonie, si la famille eut voulu l'entourer d'une certaine pompe! Que d'admirateurs d'Eugénie seraient accourus pour voir les débris humains de la femme dont ils aiment tant la pureté d'esprit! Que de discours auraient été prononcés sur cette châsse rustique! Que de gens auraient écrit leurs impressions de cette journée!

Si je trouvais cette cérémonie trop simple, trop intime pour la gloire d'Eugénie, j'étais bien obligée de m'avouer qu'Eugénie vécut toujours en fille simple. Elle passa modestement sa vie dans ce vieux manoir du Cayla, elle y mourut presque ignorée. Elle était ennemie du faste. Pour elle, son Dieu et sa famille étaient tout son horizon. Cette modeste translation était donc conforme à la modestie de sa vie. Eugénie ne peut que paraître plus grande dans la simplicité de l'une et de l'autre.

En quittant le cimetière, nous montâmes en voiture pour rentrer au château.

Pendant que les branches des arbres et les ronces du chemin frappaient aux portières de la calèche qui roulait rapidement, je me disais que moi du moins j'écrirais tous les incidents de ces trois journées, puisque seule je les avais suivis pas à pas.

L'après-midi même, je partis pour Marseille avec mon père et ma mère.

A quatre heures du soir, en quittant Toulouse, pendant que dans un wagon je rêvais au Cayla, à ma séparation de Caro, de tante Mimi, et d'Anaïs, je cherchais à découvrir les grands pics des Pyrénées.

Je ne pouvais rien voir; toutes les montagnes qui avoisinent le val d'Aran étaient couvertes de nuages noirs et orageux, et tous ceux de la plaine couraient vers cet horizon rempli de menaces. Je me disais que c'était la suite de l'orage qui avait commencé au moment où le crâne d'Eugénie revoyait la lumière, et qui se continuait dans ces montagnes aux abîmes profonds.

Je ne me trompais pas ; l'orage commencé au Cayla s'était porté dans les Pyrénées, et au moment où je le contemplais à distance, il préludait, dans ses trombes sans fin, au grand drame des inondations qui ont tant éprouvé la ville de Toulouse et les bords de la Garonne.

FIN

PARIS. — IMPRIMERIE DE E. MARTINET, RUE MIGNON, 2.

www.ingramcontent.com/pod-product-compliance
Lightning Source LLC
LaVergne TN
LVHW010104230826
846091LV00005B/2084